LA FRANCE
ET
LA SAINTE ALLIANCE
EN PORTUGAL
1847.

PAR E. QUINET.

Prix : 75 c.

PARIS.
JOUBERT, LIBRAIRE-ÉDITEUR,
Rue des Grès, 14, près de la Sorbonne.
—
MDCCCXLVII.

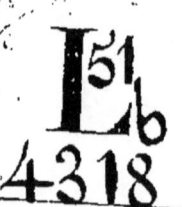

LA FRANCE

ET

LA SAINTE ALLIANCE

EN PORTUGAL

1847.

PARIS. — IMPRIMERIE DE FAIN ET THUNOT,
Rue Racine, 28, près de l'Odéon.

LA FRANCE
ET
LA SAINTE ALLIANCE
EN PORTUGAL
1847.

PAR E. QUINET.

PARIS.
JOUBERT, LIBRAIRE-ÉDITEUR,
Rue des Grès, 14, près la Sorbonne.
—
MDCCCXLVII.

— Vous êtes un ancien libéral?
— Est-ce vous qui le demandez?
— Écoutez-moi!
— Je ne puis.
— Je m'attache à vos pas. Écoutez! ce n'est pas moi qui vous parle.
— Eh! qui donc?
— C'est un peuple qui crie. N'avez-vous pas entendu au loin, comme moi, cet appel à la *conscience de tous les peuples civilisés et de la France* en particulier? Ce cri a traversé les mers, les montagnes. Au lieu de s'affaiblir par la distance, il se fortifie.
— Quoi! cette vieille affaire de Portugal! Ce peuple est enterré; c'est un fait accompli.

—L'iniquité est toute vive. Il s'agit d'une nation qu'on étouffe!

—Mangeons et buvons; demain nous mourrons.

—C'est vous qui autorisez l'attentat et qui le consommez!

— Allons donc! est-ce là une affaire pour un homme politique?

—Vous aidez les meurtriers.

—Bah!

—Vous qui saviez, sous la restauration, tant de nobles paroles, justice, liberté, vous que j'ai vu à l'enterrement du général Foy porter le deuil des peuples, ne sentez-vous aucun remords quand un peuple ami tend les mains vers vous et que vous le rejetez dans le servage?

— Quelle plaisanterie! Nous connaissons parfaitement ce vocabulaire; nous en avons fait grand usage quand les nobles nous opprimaient. Aujourd'hui nous avons pris leurs places; de grâce, laissons là notre rhétorique.

—Non, il n'est pas possible qu'un

attentat aussi monstrueux, commis en plein soleil, ne vous dise rien. Vous ne voulez pas sans doute vous renier, abolir le droit de votre révolution !

— Mon Dieu! que ces phrases sont usées! et se peut-il qu'il y ait dans le monde une population assez niaise pour nous demander d'agir selon nos maximes de tribune? On n'est pas plus sot que ce peuple-là.

— Vous vous calomniez; vous qui avant 1830...

— Finissons cette comédie.

— L'indignation m'oblige de parler.

— Je ne vous comprends pas.

— Votre intérêt.....

— Voilà du moins un langage que j'entends. Continuez.

— La plus simple probité, le serment, l'honneur.....

— Je ne vous suis plus; vous vous perdez dans la métaphysique.

— L'affaire d'Oporto vous touche plus que vous ne pensez; le Portugal n'est pas si loin que vous le croyez de votre comptoir et de votre coffre-fort.

— Que voulez-vous dire ? voilà qui change la question. Auriez-vous des documents secrets ? Je vous assure, mon cher monsieur, que je suis tout oreilles. Parlez, parlez à votre aise ; je vous écoute, vous dis-je.

— Il y avait dans le monde un peuple qu'on appelait le Portugal, et qui faible en apparence, avait consommé les plus grandes entreprises, changé le chemin du commerce, inauguré l'histoire du monde moderne, avec l'époque de l'industrie, par la découverte du cap de Bonne-Espérance et la conquête des extrémités de la terre. Nul, avec moins de ressources, ne rendit jamais de plus grands services au genre humain. Il avait ouvert le premier les portes de l'Orient et de l'Occident. Dans le temps que l'Angleterre et la France ne connaissaient que leurs côtes, il découvrait, il augmentait l'immensité ; roi des océans, ses flottes, sans rivale, dominaient sur des mondes dont personne ne connaissait les limites. Après avoir livré le globe entier à l'humanité moderne, ce peuple créateur, fatigué de gloire, d'héroïsme, de génie, avait perdu sa route. Échoué dans le port, il languissait depuis deux siècles avec la certitude que le jour du salut se lèverait pour lui.

La révolution de 1830 avait été le signal de sa résurrection; il avait salué la voile de bon secours; depuis ce moment, le peuple naufragé faisait effort pour se relever. Au prix du meilleur de son sang, nous l'avions vu fraterniser avec la France de 1830, repousser, à notre exemple, une vieille dynastie, ressaisir sa souveraineté, reconquérir le trône pour l'octroyer à dona Maria, laquelle n'avait pas manqué de se confondre en serments de fidélité et de reconnaissance éternelle. Confiant dans l'étoile de la France, il la suivait de loin et croyait suivre sa propre destinée.

Remarquez avant tout que ce renouvellement ne se bornait pas à la surface des choses. Le Portugal ne se contentait pas d'une imitation stérile, comme on le pense ; la renaissance politique se fondait sur la renaissance de l'esprit portugais lui-même. Dans ce pays qui depuis deux siècles avait cessé de penser, une vie inattendue éclatait en des œuvres inspirées par l'amour et la tradition du pays. De nombreux écrivains surgissaient qui tous puisaient leur génie dans le même sentiment de la patrie réparée. Une ombre d'indépendance avait suffi pour rendre l'essor aux âmes ; la civilisation morte se redressait. Qui le croirait, si ce n'était notoire ? les quinze dernières années ont produit plus d'œuvres originales que les deux derniers siècles ; et, suivant l'expression d'un homme dont personne ne niera ici l'autorité (1), il ne s'était pas vu dans l'esprit public un

---

(1) M. Almeida-Garrett.

mouvement aussi profond, un élan aussi sincère, une espérance aussi vive, une émotion aussi vraie, une inspiration aussi indigène, depuis l'époque des Lusiades.

Qui avait produit ce miracle? La piété envers la terre natale, envers ce pays jadis si puissant, aujourd'hui si misérable, mais qui du moins, dans sa misère, croyait encore s'appartenir à lui-même. C'était la même ardeur qui s'était montrée chez nous en 1827 et 1828, avec un esprit de patriotisme plus ombrageux. Ils se hâtaient de penser, d'écrire, comme si la patrie, à qui tout cela se rapportait, eût dû bientôt leur être arrachée. On interprétait avec angoisses les chroniques de la gloire portugaise; on composait ce qui avait toujours manqué, un théâtre exclusivement national. J'ai vu moi-même sur les lieux ce travail des esprits. Sans qu'il fût besoin d'être grand prophète, j'ai annoncé (1) que cette conspiration de

---

(1) *Mes vacances en Espagne.* 1846.

tous les cœurs, de toutes les intelligences, ne manquerait pas d'éclater; qu'une si ferme volonté de renaître se marquerait prochainement par des actes publics; que cette littérature n'était pas une œuvre d'académie, mais un cri d'espérance, qu'elle s'accordait trop bien avec les instincts de la foule pour ne pas concourir à ranimer ce peuple, à moins qu'il ne se trouvât à point nommé quelque grand meurtrier pour l'assassiner au préalable. J'ai dit cela quand aucun événement extérieur ne me confirmait, et qu'aux yeux de l'Europe cette terre paraissait morte. Mais il suffisait de la regarder de près pour s'apercevoir que tout le monde était dans le secret de ce qui s'y préparait. Si jamais mouvement a été national, c'est celui qui s'accomplissait alors en plein soleil. L'écrivain conspirait dans ses livres, le député sur son banc, le peuple au fond des provinces. Quand l'accord est ainsi établi entre l'intelligence du petit nombre et la conscience de tous, il n'est pas malaisé de deviner les suites.

Joignez à cela que le Portugal, dans ce nouvel essor, n'avait rien de commun avec l'Espagne. Si l'on étudie ces deux peuples, on voit que la renaissance de l'un et de l'autre s'accomplissait sans qu'aucun d'eux cédât rien de sa nationalité. Tous deux avaient les yeux attachés sur la France, et tous deux semblaient s'ignorer mutuellement. Lisbonne et Madrid, séparés par toute l'histoire, le sont aujourd'hui plus que jamais. Le Portugal, plus faible, montrait un esprit plus ombrageux ; en sorte que le plus misérable des peuples de l'Europe était en même temps celui qui avait le mieux gardé au fond du cœur la religion de la patrie. L'ombre de l'étranger, surtout de l'Espagnol, lui était insupportable. Le respect de soi-même et de la terre natale, tel était le principe de tout ce que l'on pouvait attendre de la régénération portugaise. Tant que cette religion était conservée, le germe de l'avenir restait ;

ôtez-la, tout disparaît; c'est un peuple auquel vous arrachez le cœur.

S'il y avait un devoir pour les gouvernements des grandes puissances qui se disent gardiennes de la civilisation, c'était assurément de préserver, de respecter, de sauver, dans son principe, cette société inoffensive, qui ne se défendait que par sa gloire passée. Elle ne comptait que quelques millions d'hommes ; mais le principe qui la faisait subsister était aussi grand que le monde moderne. Tous les amis de l'humanité se réjouissaient de voir cette nation sortir de l'abîme, appuyée sur la seule mémoire de ses grands hommes. Car enfin que vous demandait-elle? Implorait-elle votre secours, comme la Grèce de 1825? Non; elle ne vous demandait que de lui laisser sa place à son glorieux soleil. Elle avait embrassé votre cause; et pour cela aviez-vous peur qu'elle ne vous demandât de l'assister de votre sang, de votre argent? Non; elle ne voulait que subsister modestement et librement dans l'alliance de la révolution de 1830. Mais cela même vous ne l'avez pas permis; vous avez ravi à ce pays l'unique force sur laquelle il s'appuyait, la nationalité. Triomphez à votre aise; l'espoir de tant d'hommes de cœur qui travaillaient à se refaire une patrie n'a désormais plus de sens. Ce n'est plus là une société vivante, qui a en soi son principe d'action; vous en avez fait un peuple serf que chacun peut fouler à son gré; vous avez poignardé Lazare au sortir du sépulcre.

Mais, non ! C'était un petit peuple, dites-vous; c'était un enfant incapable de se conduire.... Ah ! je vous entends; vous êtes le bourreau de Séjan : c'est vous qui violez l'enfant pour avoir le droit de le tuer.

En récompense de cette glorieuse action, l'avez-vous du moins acquis, ce pays, ce fief que vous venez de dégrader de sa volonté ? Rachetez-vous l'action par le gain ? Oh ! la grande politique ! Cette terre sur laquelle ils exercent le droit de conquête, ils la donnent à l'Angleterre. Ils partagent les opprobres ; elle seule a le profit.

Autant le peuple portugais aspirait à renaître, autant le gouvernement de dona Maria s'obstinait à empêcher cette résurrection. Il est si beau de trôner sur un peuple mort ! quelle paix souveraine ! quel calme majestueux ! On regrettait le tranquille Défunt de l'ancien régime, et l'on ne désespérait pas de faire rentrer dans son suaire le peuple qui y était resté sagement enseveli deux siècles. De là cette situation étrange d'un pays, où toute marque de vie est considérée comme une rébellion. La nation veut revivre ; la reine trouve plus légitime de régir un cadavre. Comment accorder ces deux volontés ? C'est le fond de ce chaos de révoltes, de parjures, de réconciliations menteuses, de faux serments, où l'œil le plus clairvoyant s'égare.

Il faut que je l'avoue à la honte du

midi de l'Europe ; cette malheureuse partie du globe ne comprend rien encore à l'art de conduire doucement un peuple à la servitude, en conservant les formes et les bienséances d'une charte jurée. Malgré les exemples donnés de haut à cet égard, son éducation profite lentement. A quoi bon opprimer, si vous m'ôtez le plaisir de m'en vanter? Traîner sur la claie le royaume d'Inez de Castro, voilà ce que j'appelle régner.

Imaginez, si vous le pouvez, une tyrannie fantasque, convulsive comme une crise de nerfs. J'ai vu de mes yeux les députés qui gênaient la discussion, appréhendés au corps, arrachés de leurs bancs et transportés sur les pontons d'une frégate amarrée dans le Tage pour cet usage parlementaire. Nous apprenions, sans nul autre avertissement, que la constitution était suspendue, tous les droits anéantis, parce que Sa Majesté la reine avait passé une mauvaise nuit, et qu'il est d'usage immémorial en ce pays-

2.

là que, si les rois ont la migraine, les peuples soient mis au carcan. Plus de tribunaux ni de jugements ; seulement, au coin des rues, une belle affiche portant que chaque suspect serait immédiatement passé par les armes, entendons-nous bien, sans instruction ni autre délibéré, *sem culpa formada*. On se frottait les yeux ; on croyait rêver. Puis, quand il était sûr que le songe était une vérité, chacun se retirait dans sa province, où il pouvait.

Il arriva enfin que toute la nation fut déclarée suspecte. C'était en 1846. Ce jour-là un premier soulèvement éclate ; il se propage en un clin d'œil de l'extrémité du pays jusqu'aux portes de Lisbonne. Nul moyen de s'y méprendre. Ce n'est pas une émeute, c'est la voix d'un peuple indigné : il est en armes ; il demande justice, réparation. Le danger presse ; Cabral, le ministre des violences, s'enfuit sur un brick anglais. Quant à la reine, cet ange d'innocence s'éclaire subitement depuis que la force n'est plus de son côté. Quoi donc ! elle ignorait parfaitement que le Portugal ne dormît pas sur les roses ; elle croyait qu'un ministère de rapines, d'oppression, de concussion, de parjures était l'âge d'or d'un pays, qu'il n'y a au monde rien de plus doux pour un peuple que de vivre sans lois, sans garanties, d'être rongé jusqu'à la moelle par l'impôt, et finalement passé par les armes sans jugement. Tout ce qu'elle avait fait à cet égard, elle l'avait médité, ordonnancé, exécuté par un excès de bonté angélique. Mais puisque ce peuple avait l'insigne manie de ne pas se délecter à l'ombre de la potence, puisqu'il était assez bizarre pour ne trouver nulle satisfaction ni dans les cachots ni sur les pontons, nulle volupté dans la famine, nulle sécurité dans la privation de tous les droits, nul orgueil dans la condition de la brute, dona Maria da Gloria, après un long délibéré, se conformant, par pure délicatesse d'âme, à une si incroyable fantaisie, consentait à se priver de son ministre évadé. Elle en nommait un autre qui avait non sa confiance, mais celle du pays, le duc de Palmella. De plus, elle promettait, foi de souveraine, de convoquer les cortès pour le mois prochain ; après quoi elle demandait, ce qui était de toute justice, que les provinces révoltées se reposassent entièrement sur elle du soin de la félicité publique. Surtout que ses regards ne soient pas affligés davantage par le spectacle d'hommes armés pour la défense des lois. Son cœur maternel ne pouvait, en vérité, supporter un tel spectacle. Que chacun rentre donc paisiblement chez soi, couvre son feu, surtout ait grand soin de se défaire de toutes armes offensives ou défensives. Des larmes scellent le serment. Le peuple est attendri ; il se retire, le front courbé, pleurant de son côté sur la bonté de sa reine, *idole de son adoration.*

Sitôt que le pays se fût lui-même désarmé, que les juntes se furent coupé les ongles et les griffes, qu'il ne resta plus un seul homme debout, la reine, dans la nuit la plus noire d'octobre 1846, convoque son nouveau ministère. L'heure indue, les apprêts sinistres, tout est de fâcheux augure. Le ministre Palmella arrive à demi éveillé avec ses collègues. Sans autre préambule oratoire, Sa Majesté leur dit net : *Messieurs, donnez votre démission, si non vous ne sortirez pas de ce palais.* Le sens est clair, le ton décidé, le commentaire se fait de lui-même. *Vous ne sortirez pas de ce palais,* c'est-à-dire j'ai autour de moi des gens apostés ; faites ce que je commande, ou ce palais deviendra pour vous la tour de Nesle. Vous, général Bomfim, qui me couvrez de votre popularité, convoquez à l'instant les troupes dans les ténèbres, afin de prêter l'appui libéral de la constitution à la restauration de l'absolutisme ; car, vous en conviendrez, c'est ainsi que doit s'interpréter le serment que j'ai prêté l'autre jour à toutes les libertés du

Portugal; j'ai dit. — On rapporte que le général Bomfim, voyant le guet-apens, porta la main sur son épée. Il est arrêté, le duc de Palmella exilé. Le Portugal, libre la veille, endormi sur la foi des serments, se réveille avant le jour les fers aux pieds et aux mains. Encore une fois le régime de Turquie restauré pour le bonheur de ce peuple tant aimé. Plus de constitution, plus de cortès, plus de lois, plus de droits; l'âge d'or des cachots et de la potence en permanence. La félicité publique est de nouveau portée à son comble.

Si la France a bien fait de s'insurger en 1830, le Portugal a fait mieux cent mille fois de s'insurger en 1846; car il n'est personne qui prétende comparer les ordonnances de Charles X à la folle tyrannie de dona Maria qui avait déjà reçu deux fois son pardon de son peuple; sans compter que Charles X, roi de droit divin, sacré par l'étranger, ne devait rien à la liberté, et que dona Maria, reine par le droit des révolutions, lui devait tout au contraire. Ou chaque révolution est criminelle, illégitime en soi (et il faut appeler l'étranger pour écraser 1830), ou le mouvement qui fit courir le Portugal aux armes, partait non-seulement d'un droit, mais d'un devoir, hors duquel il n'y avait plus ni honneur, ni conscience, ni vie. Si quelque chose démontre que cette nation est un corps vivant, non un corps mort dans lequel chacun peut enfoncer le pied, c'est précisément qu'ayant senti l'injure, elle s'est soulevée pour la châtier ou pour y mettre un terme. Supposez que le parjure se fût consommé tranquillement, que la violence se fût établie sans contestation, que la charte portugaise eût été déchirée sans que personne eût touché une épée, j'entends aussitôt répéter que ce peuple a perdu la conscience, qu'on l'a revêtu d'une constitution empruntée dont il ne prend nul souci, qu'il ne veut rien que se chauffer à son soleil, que le sentiment du droit est évanoui chez lui, qu'il ne reste là qu'un simulacre de nation, que la servitude est devenue sa condition et son refuge. On se fût armé contre lui de son indifférence comme on s'arme contre lui de son indignation.

Deux choses sont à considérer ici : la première, que l'insurrection a été nationale; la seconde, qu'elle n'a pas été cruelle. La reine avait de son côté une armée organisée et toutes les ressources de finances que le Portugal, endossé par l'Espagne et par la France, peut encore renfermer. Sans troupes, sans armes, l'insurrection en haillons paraissait devoir céder dès le premier jour. Pourquoi, au contraire, allait-elle l'emporter ? Parce que cette guerre avait pris un caractère unique jusqu'à ce jour dans les dissensions de la Péninsule. Si vous ne voulez pas vous aveugler par l'esprit de parti, vous êtes contraints de reconnaître qu'avant cette insurrection, les guerres civiles y étaient, comme dans l'Amérique du Sud, des révoltes de soldats; ce qui y manquait, c'était le peuple. Les violences de dona Maria ont eu cet avantage d'éveiller la résistance et la vie politique dans le cœur des populations ; aussi quelque chose de tout nouveau s'est montré. Combien de fois les troupes de la reine n'ont-elles pas vaincu sans que ses affaires y aient rien gagné ? Entre les armées, un nouveau combattant avait surgi, le peuple portugais, non pas réuni par masse dans les grandes villes, mais embusqué derrière le rocher, le bois, le taillis, le ravin, et qui, interceptant les convois, offrait sur chaque point un refuge à ses amis, un danger à ses ennemis. Les barricades n'étaient pas, comme chez nous, dans la capitale; chaque chaumière avait sa barricade. De là les succès de la reine ne garantissaient que Lisbonne; les échecs de la junte ne compromettaient qu'Oporto.

Chose plus importante que tout le reste, et qui n'a pas été assez considérée à l'honneur du Portugal! l'insurrection avait été clémente. Au lieu des représailles sanguinaires que tous les partis, en Espagne, ont exercées l'un après l'autre, la guerre n'est pas sortie des règles suivies par les nations policées. Où sont, chez le peuple insurgé, les supplices, les tortures, les massacres, les égorgements, les prisonniers fusillés par milliers? Votre humanité ne vous a pas empêchés de supporter tout cela pendant huit ans, quand la meilleure partie de ces crimes se commettaient sous la bannière de la légitimité; mais dès qu'il ne reste plus en champ clos qu'un peuple qui lutte pour son droit dans une guerre régulière, sans excès, sans barbarie, avec moins de violence que vous n'en montrez en Afrique ou dans l'Inde, votre sensibilité nerveuse vous presse d'écraser, pour son bien, cette nation que son existence embarrasse.

En effet, le cercle de l'insurrection s'accroissant chaque jour, et la reine assiégée, bloquée dans sa capitale par la colère et le bon droit de son royaume tout entier, le dénoûment était prévu d'avance ; il ne pouvait tarder. La jonction de Das Antas avec Sa da Bandeira avait pour résultat la victoire des lois. Un gouvernement inique était obligé de donner des garanties sérieuses à l'avenir du peuple portugais ; joué, trompé, toujours prêt à l'être, dans sa superstition monarchique, il ne voulait punir la royauté qu'en l'obligeant à tenir ses serments. Le sang versé trouvait sa récompense. La révolution fait un effort décisif ; elle concentre ses meilleures troupes sur une corvette et quelques bâtiments de transport. Un cri d'enthousiasme salue le départ des soldats ; la petite flotte cingle avec assurance. Dirai-je le reste ? les flottes de la France de juillet, celles de l'Angleterre, de l'Espagne révolutionnaire, apostées avec l'injonction de saisir, couler bas, massacrer au besoin la flotte de la révolution de Portugal, la petite armée entourée, sans provocation, sans déclaration, saisie, garrottée à l'improviste, jetée pieds et poings liés dans les cachots de Saint-Julien, sous le balcon du château de la reine ! « C'est une tache éternelle au nom anglais, » s'écrie un orateur de Londres.... Eh ! que me fait cette souillure nouvelle ? suis-je chargé, moi, de la conscience de l'Angleterre ? Mais la France ! mais mon pays tremper dans ces opprobres !

Peut-être faut-il regretter que Das Antas ne se soit pas laissé massacrer, lui et ses quatre mille hommes. Il eût été beau de voir la France de juillet égorgeter humblement et au second rang le peu de malheureux que l'orgueil anglais eût bien voulu abandonner à son couteau-poignard. Et certes cette gloire nous était bien due ; car enfin la logique le voulait. Ces misérables n'étaient-ils pas accusés et convaincus d'avoir imité notre exemple de 1830, embrassé, fortifié notre cause, relevé notre drapeau, fraternisé avec notre principe, combattu pour le droit de la France? En vérité, c'est faiblesse de nous contenter de pontons et de cachots pour de pareils scélérats. Si le sang eût été répandu par nos mains, comme nous nous y étions engagés par la convention du 22 mai, peut-être que ces chairs meurtries, ce carnage, ces ponts de nos vaisseaux rougis par l'assassinat, eussent du moins chatouillé en nous la conscience pétrifiée; peut-être que nous eussions reconnu, discerné le crime, et que l'homme moral se serait à la fin réveillé sous le mercenaire. La France *légale*, endormie comme Macbeth, aurait peut-être voulu laver ses mains; au lieu que cette ignominie sans carnage, ce pays ami, livré simplement à la servitude, cette mort morale, cet assassinat d'une nationalité, ce meurtre d'un peuple-frère, ce rôle de Caïn sans victime saignante, cette impiété, cette trahison, cette lâcheté, ce déshonneur, sont pour nous autant de choses abstraites, trop subtiles désormais, que nos yeux ne voient plus, que notre conscience hébétée ne comprend plus, ne réprouve plus. Les Anglais ont fait paraître une minute de stupéfaction et presque de remords ; ils ont demandé, dans la chambre des communes, quelle garantie reste à ce peuple-prisonnier. La parole de dona Maria, a réparti le ministre. A ces mots, un immense rire s'est répandu dans tout le parlement : ou la justice de Dieu n'est qu'un mot, ou ce rire infernal aura un jour sa récompense.

Avez-vous remarqué, en tout ceci, le rôle étrange des tribunes constitutionnelles ? Si quelque chose pouvait montrer comment les institutions de la liberté dégénèrent volontiers en amusements de servitude, quand l'opinion est asservie, l'expérience serait complète. Cette tribune française, occupée sous la restauration par cinq ou six hommes, mais alors si fière, si sonore, qui signalait de si loin l'ennemi, qu'est-elle devenue ? Je vous prie d'y songer. Tant que les événenements sont en suspens, que le crime se prépare, c'est-à-dire aussi longtemps que la parole peut servir à quelque chose, pas une syllabe n'est prononcée. Mais à peine l'iniquité est accomplie, irréparable, soudain le miracle s'opère, la langue se délie; les muets parlent; bien plus, personne ne redoute que cet emploi du discours pour le discours, sans but, sans efficacité possible, ne dégrade jusqu'à la risée l'institution de la parole publique.

Il y avait, en ce temps-là, un tribunal qui siégeait devant une multitude, et ses arrêts étaient sans appel. Du haut de son siège, un juge aperçut par hasard un homme qui se préparait à tuer son voisin; car, l'ayant renversé, il lui mettait déjà le couteau sous la gorge, et la victime criait. — Que faites-vous? dit le juge. Expliquez-moi clairement votre intention. — O le meilleur des juges! répliqua le meurtrier, il est encore trop tôt. Je n'ai fait que commencer; laissez-moi dépêcher cet homme, après quoi je vous donnerai toutes les pièces du procès. — C'est trop juste, mon ami, dit le juge; continuez et achevez; mais lorsque vous aurez fini, vous me trouverez sur ce banc, d'où je serai charmé de vous adresser un discours improvisé. Plusieurs jours se passèrent, après lesquels le meurtrier se présenta devant le tribunal; il tenait dans ses mains diverses liasses de papier, et entre autres, sur un parchemin sanglant, un excellent procès-verbal constatant qu'il avait donné à son voisin trente-cinq coups mortels dans la poitrine, et seulement sept ou huit dans la gorge. — Maintenant je puis parler, je l'espère, dit le juge. — A votre aise, dit le meurtrier, vous et vos collègues. Le juge, s'inclinant, commença sur-le-champ un admirable discours. Mais le meurtrier, assure-t-on, parla mieux encore; si bien que les dames disaient en l'écoutant : Mon Dieu, que cet inculpé a la parole facile et le ton agréable! Vous m'avouerez que c'est la plus grande des injustices, depuis 1830, qu'un pareil talent ne soit pas de l'Académie. — J'en serai, dit le meurtrier; et il sortit aussitôt pour se porter candidat. On le nomma d'emblée, parce que sa cause étant très-mauvaise, il avait eu besoin de beaucoup de style pour la faire valoir. Pendant ce temps, la veuve et les enfants du mort l'enterraient de leurs mains à grand'peine dans une fosse empruntée. Ils étaient très-pauvres, ils avaient fort peu de rhétorique. Personne ne songeait plus à eux.

Aujourd'hui que les pièces du procès sont publiées, rendons à chacun ce qui lui est dû. Dès l'origine, le gouvernement anglais a montré, affecté un grand éloignement pour le meurtre proposé. Recommencer, sans se déguiser, l'infamie de Parga semblait d'abord difficile. Puis il se souvient qu'il est né d'une révolution; il commence par établir fort clairement que « les questions dont le Portugal est agité sont toutes domestiques dans leur portée, et que des *puissances étrangères ne peuvent s'y immiscer* »; d'où la conséquence parfaitement logique qu'il faut s'immiscer sans un jour de retard dans les affaires du Portugal. Ce raisonnement, comme vous voyez, est irréfutable. Les principes libéraux une fois posés, le masque d'hypocrisie une fois scellé et noué sur le visage, il ne reste plus qu'à se ruer sur la révolution quand elle passera dans un endroit écarté. D'ailleurs, on n'a pas oublié de préparer l'excuse. Tant que l'Angleterre est restée seule, sa conscience vierge lui a parlé. Mais que ne peut sur un cœur pur la mauvaise compagnie? la France pressait; elle convoitait le meurtre pour elle seule. Cette fille d'une révolution était naturellement impatiente d'assassiner sa sœur. De bonne foi, pouvait-on lui laisser l'occasion d'exécuter ce glorieux coup de main? Personne ne le pensera. S'il y a, comme on ne le nie pas, quelque apparence de brigandage, l'Angleterre est plus qu'excusée par une foule de circonstances atténuantes, à savoir, qu'elle eût désiré, si on l'eût laissée faire, ne pas violer à la fois les lois humaines et divines ; que longtemps elle a résisté au serpent tentateur; que la coupable, l'Ève corrompue qui doit être livrée sans pitié au verdict et à la malédiction du monde, c'est la France, la France qui, sans un moment d'incertitude ni de pudeur, a conçu, préparé, organisé le crime à trois ! La pure Albion n'a fait que prêter la main.

Rien, en effet, de plus délibéré que le parti pris, dès le commencement, par le gouvernement de juillet. A peine la révolution du Portugal éclate, l'impatience de l'étouffer se montre sans ambage. Plus calme, le ministère anglais affecte d'examiner la question de droit; il feint d'être arrêté par des considérations préliminaires de dignité, de légalité, de droit des gens... Au contraire, dès le premier mot prononcé par la France, on n'entrevoit que la force.

Un incroyable dialogue s'établit alors en plein jour des deux côtés du détroit, à la face de l'univers.

— J'ai des scrupules, dit l'Angleterre ; ce coup-là me répugne.

— Comment ! des scrupules quand il s'agit d'écraser une révolution, réplique en France le gouvernement né de la dernière révolution. La force ! la force ! l'intervention armée ! il n'y a que cela, vous dis-je.

— Pourtant la convention de 1834 n'a plus aucune valeur légale.

— Nous la lui rendrons.

— Allons au fond des choses ; nous nous entendrons mieux. Que voulez-vous ? Gouvernement fils de la liberté, vous voulez étouffer la liberté en Portugal comme ailleurs ; cela se comprend.

— Et vous vous contenteriez de posséder le pays en fief, de lui tirer des veines sa dernière parcelle d'or ?

— Peut-être.

— Livrez-moi l'âme de ce peuple.

— Je n'y tiens pas. Livrez-moi son corps.

— Il est à vous, et donnons-nous la main.

— Mais que dirons-nous au monde, qui est curieux ?

— Grand embarras, sur ma foi! n'avons-nous pas les chambres?

— Encore faudra-t-il dire quelque chose.

— Réfléchissons! Si nous disions que c'est là un mouvement légitimiste, et que nous venons secourir la révolution?

— Non! le mensonge est trop grossier, vraiment. Puis, vous me mettriez moi-même en contradiction avec ma dépêche du 5 avril, où je déclare et prouve positivement le contraire.

— Hé bien! parlons d'humanité.

— C'est le meilleur moyen; l'effet sera excellent pour nous auprès des sociétés bibliques, et pour vous auprès de la ligue des évêques. Comment arranger cela ?

— Voyons ! si nous disions par exemple, que la charité chrétienne nous inspire ?

— J'aime assez ce commencement, quoiqu'il soit pillé de la sainte alliance.

— Que nous voulons panser les plaies de ce petit peuple, à coups de canon ?

— A merveille; l'expression est riche.

— Croyez-vous que ce langage ne serait pas parlementaire ?

— Eh ! sans doute.

— Évangélique ?

— Assurément !

— Que nous voulons tuer cette nation pour la débarrasser de la guerre ?

— Prenez garde. Ceci est trop fort. Si

aveugle que vous supposiez chez vous le pays légal, je tremble qu'il ne voie trop à nu l'imposture. Car, enfin, il est plus clair que le jour, que nous nous pressons d'intervenir et d'arriver, précisément parce que la guerre va finir, que l'absolutisme de la reine est aux abois, que la liberté et les lois vont remporter la victoire, et que nous voulons empêcher cet affreux dénoûment. J'ai eu même l'indiscrétion de dire et de publier tout cela fort au long dans ma dépêche du 15 mai, à Palmerston.

— C'est fâcheux. Disons donc le pour et le contre, le blanc et le noir ; brouillons tout ; faussons tout ; enténébrons la lumière du jour. Commençons nos discours dans une opinion, et terminons-les dans une autre ; bravons, insultons, renversons à la fois le bon sens humain et la justice divine, puisqu'il est si difficile de maintenir le premier quand on a répudié la seconde, et qu'après tout, nous avons la majorité.

— Voilà vraiment qui est bien parlé, vous êtes un grand orateur. Courons à notre embuscade.

— J'y suis déjà.

— Avez-vous amorcé ?

— Avez-vous votre poignard ?

— Ah ! je les vois sortir de la rade. Pauvres innocents ! ils ne se doutent de rien. Au moins, vous prenez sur vous la moitié de l'assassinat et de la colère du ciel ?...

— Eh ! oui. Il y a concert.

— Je crains le remords.

— Souvenez-vous que ce sont d'infâmes amis de la liberté.

— Allons ! plus de scrupules.

— Bien ! Je vous laisse, comme à mon supérieur, la place d'honneur. Vous êtes le plus près, courez sur eux sans avertir; frappez hardiment; il n'y a pas le moindre danger.

— Tue! tue! mort! mort! rendez-vous corps et biens!

— Holà! sont-ce des pirates?

— C'est la vieille Angleterre!

— Nous n'avons point d'or, messieurs!

— Rendez-vous ou vous êtes morts! A la mer la charte, la révolution et la liberté du monde!

— Victoire! victoire! *Te Deum laudamus!*

Je demande pardon à mon lecteur de le faire descendre à ce langage de forbans. Mais si une chose doit le frapper dans cette affaire, c'est le mépris insultant de la conscience humaine. Le plus fort rejette la coulpe sur le plus complaisant. L'Angleterre affuble la France de son crime; la France en affuble l'Espagne. Que voulez-

4.

vous? cette Espagne, puissante, redoutée au dehors, tranquille au dedans, avait une surabondance de vie et voulait se déchaîner sur le monde. Ses innombrables armées, nourries depuis des siècles par un trésor intarissable, menaçaient d'envahir la terre. Dans leur amour de l'ordre, la France et l'Angleterre auraient bien voulu brider la nouvelle flotte invincible; mais que pouvaient l'une et l'autre, ces deux petites nations, en face de la monarchie colossale d'Isabelle II? Des représentations! les eût-on écoutées? Isabelle II s'étant décidée à conquérir l'univers, en commençant par le royaume des Hespérides, il ne restait visiblement qu'à se mettre à sa suite et à marauder sur ses traces.

Où donc sont-elles ces représentations faites à ce terrible cabinet de Madrid? qui jamais en a ouï parler? et ne lisons-nous pas tout l'opposé dans les dépêches? Suffit-il que deux grandes puissances proclament chacune le contraire de la vérité pour que nous devenions soudainement aveugles des yeux du corps comme des yeux de l'esprit? J'ai bien peur que dans ce moment, ce petit peuple que vous foulez, comme l'insecte, ne soit, aux yeux de la Providence, aussi précieux dans sa cause, aussi noble en son droit, que les magnifiques nations qui engraissent, chez elles, si complaisamment l'imposture.

Du moins *c'était l'intérêt de la France.* En effet, il pouvait y avoir un intérêt pour tout le monde, excepté pour la France. Que le peuple portugais soit frappé de mort, je comprends que l'Espagne hérite du cadavre; je le conçois mieux encore de l'Angleterre. Pour que le Portugal soit une préfecture anglaise, une seconde Irlande, il faut empêcher qu'il ne se forme là un esprit national, un cœur de peuple. Faites-en un butin sans volonté, une marchandise tarée, avariée, marquée de l'empreinte de Londres. Tout cela est évident, comme il l'est également que l'intérêt matériel positif de la France voulait précisément le contraire, c'est-à-dire que le royaume de Manuel conservât une nationalité indépendante, une volonté, une vie propre. Notre intérêt, c'était de ne pas réduire la patrie des Vasco de Gama, des Magellan, des Albuquerque, des Jean de Castro, des Camoëns, à n'être plus qu'une école de mousses pour la marine anglaise. Mais nous seuls avons été magnanimes dans cette occasion; notre but a été tout moral, il faut le reconnaître : la liberté étouffée, la servitude imposée, sans nul profit grossier ni dans le présent ni dans l'avenir, excepté pour nos ennemis. Que l'on regarde à nos mains, elles sont pures. Nous n'avons fait que porter et rapporter l'injustice et l'oppression, sans nul autre butin. Vous dites que la France n'a pas seulement des *intérêts révolutionnaires;* et moi, je demande si elle n'a plus que des intérêts contre-révolutionnaires. Suffit-il d'étouffer dans le monde, un droit, une conscience, pour que notre peuple ait du pain? On s'est beaucoup moqué du don-quichottisme de la liberté; parlez-moi du don-quichottisme de la servitude. Rien de plus respectable pour un homme sérieux.

Hé bien, s'il faut absolument tout vous dire, la violence que nous faisons au Portugal est dans l'intérêt du Portugal. Le voilà donc enfin lâché le grand mot de la grande politique; utilité, avantages, glorification de l'invasion. Je les remercie de l'avoir prononcé, car je l'attendais. Il y a ici deux choses, l'intérêt de la reine, l'intérêt du peuple. Je commence humblement par ce qui touche la première.

D'abord, je supplie que l'on me montre où sera l'excellence de la situation de la reine; car, de moi-même, c'est ce que je ne saurais discerner. Il me semblait que la restauration d'un trône par la main de l'étranger n'avait pas été suivie, en France, du dénoûment le plus heureux pour le pouvoir restauré ; je pensais que l'ombre des baïonnettes alliées n'avait pas très-efficacement protégé le sommeil du monarque. Voyez si mon imagination est déréglée ! J'allais jusqu'à croire que, grâce à ce souvenir des invasions, la branche aînée avait fini par tomber. Je reconnais que ce n'était là qu'un songe. Rien n'est changé ; je me réveille.

L'amour des Portugais pour dona Maria, *demi-assise sur son trône tremblant*, reprendra évidemment tout son charme, dès qu'ils contempleront, mèche allumée, braquées en permanence par les Anglais, les Français, les Espagnols, sur les golfes, les rivages, les îlots, les grèves, les anses de la terre natale, et avant tout, sur les quais, les places d'Oporto, de Lisbonne, deux ou trois mille pièces de canons, prêtes à saccager, écharper, foudroyer charitablement la population à la moindre apparence de refroidissement dans les cœurs. Déjà, au milieu des terres, voilà le général espagnol, Mélendez Vigo, qui entre au pas de charge dans le pays conquis. Lisez sa proclamation ; elle est de la bonne école du manifeste de Brunswick. Ou je connais mal la nation portugaise et son exécration pour le joug espagnol, ou cette franche, loyale prise de possession doit mettre le comble à sa reconnaissance. Ouvrir à l'ennemi les portes de son pays, est-il rien de plus honorable, de plus hospitalier de la part d'un souverain ? Le monde appelait cela, autrefois, le plus grand des crimes, et le punissait de mort. Nous en faisons la première des vertus constitutionnelles.

Je sentais confusément que quelque chose nous avait manqué en 1830. Longtemps, je l'ai cherché, sans pouvoir me l'expliquer ; enfin, la lumière se fait dans mon intelligence ; ce bien, dont nous avons été privés, se révèle à moi. Pour la première fois, je le comprends, je le vois distinctement. Si notre révolution de 1830 laisse tant de choses à désirer, c'est qu'il nous a manqué un million environ de Cosaques, Russes, Calmouks, Allemands, Prussiens, Autrichiens, Anglais, qui de la butte Montmartre, des hauteurs de Chaillot, de la plaine de Grenelle, aient pris la peine de former une ronde autour de Paris, et de nous réconcilier, après les trois jours, le couteau sous la gorge, avec la branche aînée. Comme les petites mésintelligences se seraient promptement dissipées! Quels embrassements romanesques! la Providence a été dure pour nous; l'ennemi a manqué à nos barricades. Voilà évidemment le vice originel de notre révolution de 1830; et toute ma peur est qu'il ne faille la refaire.

Ce bonheur, dont nous n'avons pas joui, nous voulons du moins le faire connaître à nos frères les Portugais. Gardez-vous donc d'imiter la malice des Autrichiens, des Russes, des Anglais, qui ont vidé trop tôt notre territoire. Poussez la charité jusqu'au bout. Pour que la félicité ne se lasse pas, il faut que l'invasion étrangère ne se lasse pas davantage. Plantez, enracinez vos baïonnettes dans les esprits! Écrasez-moi ce peuple d'amour. Sinon, pendant que vous imitez la coalition de 93 et celle de 1815, vous pourriez obliger le Portugal de se souvenir un peu de Louis XVI et beaucoup de Charles X.

Reste à examiner l'avantage du peuple lui-même. Ici tout devient sérieux, et j'ai lu, je l'avoue, avec épouvante les paroles du gouvernement français; car, M. le ministre des affaires étrangères, en avançant qu'il viole le Portugal par humanité, a trouvé pour étayer cette doctrine la force qui appartient à un homme toutes les fois que ses paroles s'accordent avec ses actions. L'homme qui a pu dire dans une chambre française, sans que la tribune se soit écroulée, que la patrie était à Gand quand la France était à Waterloo; celui qui a appelé, servi l'invasion de douze cent mille ennemis contre son pays, et qui, après trente ans, met encore là son orgueil, celui-là est parfaitement en droit de penser que le remède aux maux qui affligent un petit peuple est dans l'invasion de son territoire par trois ou quatre puissances. Il a raison de le dire, puisque la tribune le tolère; de le pratiquer, puisque le pays légal met le gouvernement dans ses mains. Comme sa doctrine et sa vie ont montré que, selon lui, ce fut la félicité de la France d'être en proie à l'étranger, il doit être naturellement tenté d'appliquer ce souverain remède du fer étranger à toute plaie qui saigne au cœur d'un peuple. Quelle que soit mon exécration pour ces maximes, je finis par comprendre la sécurité de conscience de ceux qui les appliquent aujourd'hui, après les avoir professées toute leur vie. La conduite du gouvernement de juillet est ici parfaitement d'accord avec le Moniteur de Gand; il satisfait la logique. Impossible de le reprendre sur ce point.

Aussi, ne sais-je ce que je dois admirer le plus, de l'infatuation du pouvoir, ou du sommeil de l'opinion. Une nationalité est écrasée, prisonnière de guerre, sans que personne détourne la tête ; à peine si cette considération est effleurée. De quoi se plaindre ? On fera régner l'ordre dans Lisbonne ! Un peuple de plus ou de moins en Europe, est-ce là une affaire, bon Dieu ! Nationalité ! Qu'est-ce que cela ? rêverie d'hommes exaltés, verbiage de révolutionnaires. A-t-on besoin de rien de pareil pour jouer honnêtement à la rente, trafiquer modérément, agioter modestement sur une terre paisible, toute grouillante de bonis, de dividendes, de subventions, d'actions et de coupons ? Le Portugal ne sera-t-il pas maître de faire tout cela, comme nous-mêmes, mieux que nous, en pleine assurance, au bord du Tage ? et n'est-ce pas là la vie, sage, entière, régulière ? On ne fait que tuer l'État. Cela importe-t-il à quelqu'un ? On se borne à anéantir la patrie. Aucun intérêt en souffre-t-il ? On n'abolit que l'indépendance. Cela gêne-t-il la liberté ?

Le pis est qu'ils sont parfaitement sincères, et que je ne leur ferai jamais comprendre qu'ils nuisent à personne dès qu'ils se contentent d'abolir la patrie. Dans le fond, ils traitent le Portugal comme ils traitent la France elle-même, abolissant ouvertement chez l'un ce qu'ils dégradent sourdement chez l'autre. Des deux côtés, ils crucifient la parole jurée. N'est-ce pas là une politique vraiment chrétienne ?

Portugais de tous les partis, vous qui aviez la simplicité de croire que la patrie est bonne à quelque chose et vaut au moins le sang versé pour la défendre, que la terre natale est puissante tant que le cœur des hommes peut battre d'orgueil en y pensant, vous tous qui disiez que le mot de patrie vous était cher, parce qu'elle est le refuge, le foyer, le berceau, le tombeau inviolé ;

parce que la tyrannie même y est douce au prix de la liberté imposée; parce que le rocher y est plus fécond que la graisse de la terre envahie; parce que, tant qu'elle s'appartient en souveraine, l'avenir lui reste; apprenez de nous que ce mot sacré jusqu'à ce jour, n'a plus de sens, qu'il signifie la honte aussi bien que l'honneur, le servage aussi bien que l'indépendance; que là où est la bourse, là est la patrie entière, immaculée sous le pied et le bon plaisir de l'étranger. Apprenez cela de nous! et pour prix de ces enseignements, puisse le châtiment ne pas tomber trop tôt sur ceux qui vous les donnent!

Je croyais que pour légitimer un emploi aussi monstrueux de la force (puisqu'il va à supprimer une nationalité), il fallait du moins observer certaines règles du droit des gens : par exemple, que le pays lui-même vous appelât, et si ce pays est constitutionnel, que tous les pouvoirs de l'État se réunissent dans le même vœu ; je croyais qu'une entreprise aussi extraordinaire, et qui suspend la vie d'un peuple, devait être entourée au moins des garanties sans lesquelles la moindre des lois, des ordonnances sur l'objet le plus infime, n'a ni sanction, ni valeur.

On compare ce qui se fait en Portugal à l'intervention réclamée par l'Espagne en 1835. Cette comparaison est encore une embûche ; car, enfin, dans le dernier cas, la couronne et les deux chambres étaient au moins d'accord pour appeler contre la légitimité le secours d'un peuple voisin. Les règles du droit étaient observées ; un gouvernement régulier s'était prononcé ; on pouvait dire constitutionnellement que l'Espagne avait parlé ; l'étranger pouvait s'appeler allié. Dans l'affaire du Portugal, montrez-moi rien de semblable. Où sont les chambres qui ont appuyé la couronne ? où est l'accord des trois pouvoirs ? où sont les cortès ? où est le gouvernement régulier? où est la délibération? où est le pays? Je ne vois rien qu'une femme en colère, embarrassée dans sa propre tyrannie, et qui vous convie à violer tout ensemble, et le peuple qui lui a donné la couronne, et le droit des gens, et le droit constitutionnel, seul fondement de votre autorité.

Intervention forcée, invasion, quel que soit le mot que vous veuillez garder, la chose est-elle un bien? Ils l'affirment. Est-ce l'avis de la France? ou l'un de ces rares moments dans lesquels le divorce éclate entre une nation et ceux qui la régissent? S'il est un pays qui ne puisse s'abuser dans cette affaire, c'est le nôtre; et la Providence lui a donné une telle leçon, que je défie les sophistes les plus pervers d'égarer sa conscience à cet égard, quand même ils l'auraient déjà gorgée d'or.

N'y a-t-il ici personne qui ait conservé la notion de patrie? personne qui se souvienne d'avoir fait pour son compte l'expérience de la doctrine de l'invasion ? personne qui se souvienne d'avoir vu sous son toit l'étranger lui apporter une charte bénigne à la pointe du sabre ? Dieu merci, la mémoire de cet enseignement n'est pas encore tout à fait éteinte ; elle vit dans quelques cœurs ; et ceux-là savent s'il est doux d'être dépossédé de soi-même ! Ils savent que, fût-il le meilleur, le gouvernement organisé par l'ennemi porte avec soi un sceau ineffaçable de malheur et de honte, en sorte que ses concessions sont des injures, ses bienfaits des fléaux. Une nation liée à un gouvernement imposé, c'est le supplice que l'on vous racontait hier de cet esclave auquel on a suspendu sur la poitrine une tête de bœuf. Il faut qu'il s'en sépare ou qu'il voie lui-même sa chair vive se putréfier et tomber avec cette chair morte. Le gouvernement établi, restauré par l'étranger, c'est la mort du droit ; c'est la mort du génie, c'est la mort de la pensée, c'est la mort de l'âme d'un peuple. Voilà ce que savent en France les pierres du chemin. Voilà ce que les pavés de la rue crient sous le char des rois.

Tirez vous-même la conséquence de vos aveux. Oserez-vous dire encore une fois que l'humanité vous pousse à faire pour un peuple ami ce qui a été pour vous le comble des maux? L'oserez-vous? Mais ce serait en même temps le comble de l'hypocrisie! Direz-vous que vous imposez aux Portugais un gouvernement tout exprès, pour qu'ils s'en délivrent à votre exemple? Mais ce serait le comble de l'effronterie! Voyez donc ce que vous faites. Vous placez la conscience publique dans cette monstrueuse extrémité, que si ce peuple se résigne à vos violences, d'après vous-mêmes, il faut qu'il meure; et s'il écoute votre exemple, il faut qu'il chasse le gouvernement que vous lui infligez. C'est-à-dire, que s'il ne vous imite pas, il périt; et s'il vous imite, il vous démasque; s'il suit votre exemple, il vous accable. Que faut-il donc qu'il écoute ? Votre expérience ? elle crie contre vos actions. Vos actions ? elles crient contre vos principes. Vos principes ? ils crient contre vos œuvres ; ou plutôt, vos actions renversent vos actions, comme vos principes renversent vos principes. Et nous sommes arrivés à ce fond d'apostasies, d'impossibilités, d'absurdités morales que la parole humaine se refuse à exprimer, et qui, se détruisant les unes les autres, ne laissent après elles que la tache cynique de tant de mensonges évanouis.

L'intervention forcée, c'est un *crime de la part des gouvernements.* Qui a dit cela ? Votre premier conseiller, Casimir Périer. Pourquoi donc, de votre propre aveu, commettez-vous des crimes ; et si vous en commettez, pourquoi resteraient-ils impunis ?

Du milieu de ces embûches, il y a du moins une conséquence qui éclate. La voici : Hier, disiez-vous, les puissances absolutistes déchiraient dans Cracovie les traités de 1815 ; aujourd'hui le gouvernement de 1830 abolit la sanction de 1830. Les barricades condamnent les barricades, elles se renversent elles-mêmes. Oporto achève Cracovie. 1815 et 1830 sont dans la même poussière. C'est la sainte alliance qui livre la sainte alliance ; ce sont les rois constitutionnels qui livrent le droit constitutionnel ; chacun se dépouille de ses mains, soit infatuation, soit qu'une volonté surhumaine ait décidé que les tempêtes seront préparées par ceux qui veulent surtout les prévenir.

Vous pensiez que dans les trois journées la France, restée souveraine, avait pu instituer son gouvernement comme elle l'avait voulu. Détrompez-vous. Le droit absent de la France, était tout entier retiré chez l'empereur de Russie, l'empereur d'Autriche, le roi de Prusse. Eux seuls auraient dû se charger de nos affaires ; car, dans le tumulte de juillet, la liberté manquait à nos esprits, l'autorité à nos consciences, incapables également de rien détruire et de rien fonder. L'intervention que les princes du dehors ont alors ajournée, reste suspendue sur nos têtes; ils sont toujours maîtres de briser l'usurpation, puisque, ainsi que nous venons de le prouver à Oporto et à Lisbonne, tout peuple en révolution est destitué de volonté; il tombe en vasselage. Frappé d'interdiction, la main des monarques étrangers est nécessaire pour rétablir chez lui la souveraineté. Jusque-là, ses institutions, ses établissements, sont nuls de soi. Privé de ses droits, comment aurait-il pu en déléguer aucun? Ce qu'il a fait, quiconque a la force est autorisé à le défaire. Interprétez, torturez, comme vous le voudrez, ce que vous venez d'accomplir, je vous défie d'en faire sortir autre chose que ces deux mots, qui déjà ont éclaté : Usurpateurs, cédez la place !

Il est vrai que, dans ce suicide, les puissances constitutionnelles sont pleines de libéralité. Songent-elles à rétablir l'absolutisme? pas le moins du monde. Premièrement, elles promettent une amnistie; on consentira à ne pas couper la tête à ceux qui ont défendu les lois. Secondement, ce n'est pas la tyrannie toute pure que les armées alliées de la France, de l'Angleterre, de l'Espagne, veulent rétablir; elles donneront une Charte comme en 1815...

La sainte alliance parlait-elle mieux, ni un plus doux langage? N'avons-nous pas eu aussi, aux beaux jours de La Bédoyère et de Ney, notre amnistie débonnaire? et pour cela l'invasion changeait-elle de drapeau? Wellington et Blucher devenaient-ils nos frères, parce qu'eux aussi nous apportaient, à la pointe de la baïonnette, le pardon trop indulgent de nos fautes? Non, non, vous ne ferez prendre le change à personne. S'il vous plaît de vous dégrader du titre que vous tenez des peuples, vous n'irez pas jusqu'à dénaturer cette langue que nous parlons. Il ne s'agit pas de la félicité que vous portez avec vous, ni des chartes dont vous bourrez vos canons; il s'agit du droit d'après lequel vous renversez, vous, rois et reines des barricades, les barricades portugaises. Et ce droit est celui de l'invasion, ce droit est celui de la sainte alliance, ce droit est celui de la restauration, ce droit est celui de la contre-révolution, ce droit est celui qui renverse et abolit tous vos droits.

Que reste-t-il donc? la force.

Oui, la force et rien autre chose; l'Europe politique fait le vide sous ses pas. La personne morale des peuples n'a plus de garanties; et ce sont les pouvoirs conservateurs qui ruinant eux-mêmes le vieux système des nationalités, inaugurent pour nouveau droit des gens un communisme vandale où chacun vient par la justice du plus fort régner chez le plus faible, s'attribuer sa souveraineté, sa volonté, sa loi, sans avoir besoin pour cela d'autre raison à donner, sinon que le moment est propice. Vienne donc la force dans sa nudité ! son règne est préparé, de quelque côté qu'elle parte, des peuples ou des rois. Sainte alliance, congrès de Vienne, droit divin, droit des gens, droit des révolutions, toutes choses également mortes et ensevelies ; nul n'est plus obligé qu'autant qu'il veut bien l'être. L'absolutisme du Nord ne peut rien nous opposer si nous sortons de l'enceinte des traités ; nous ne pouvons rien lui opposer s'il lui plaît de déborder : chacun est désarmé de son droit.

Et c'est là qu'est le crime ! S'il est égal pour tous, les vrais périls sont pour nous. Défendue par les flots, l'Angleterre, quoi qu'elle fasse, subsisterait peut-être, hors de tout principe, sans autre amitié qu'avec les tempêtes du ciel. La France, sans frontières, mutilée par la défaite, n'est plus couverte que par la justice. Et c'est pourquoi je crie du fond du cœur, parce que mon pays, plus qu'aucun autre, a besoin du droit pour se sauver. Prenez-lui tout le reste, le pain, le sang, la parole! Que ses libertés ne soient qu'une illusion! Il y consentira peut-être. Mais ne lui ôtez pas la conscience! ne lui enlevez pas la justice, sa dernière citadelle! Le dépouiller du droit, c'est bien pis que l'asservir, c'est le livrer.

Jusqu'ici, la France de 1830 s'était contentée de renier les peuples qui se ralliaient à sa cause. Nous entrons dans une nouvelle époque. Que personne ne nous accuse plus d'inertie, nous courons à l'action. Non-seulement nous ne protégeons plus nos amis, c'est nous qui nous chargeons d'aller les étouffer. La Pologne était trop loin pour que nous pussions l'aider; le Portugal est assez près pour que nous allions l'accabler. La Suisse libre est sous nos pieds; nous n'aurons qu'un pas à faire, avec l'Autriche, pour lui écraser la tête. Trop longtemps nous avons été les contemplateurs muets des hautes-œuvres de la sainte alliance; nous voilà, dieu merci, ses valets de bourreaux.

A cela il ne suffit pas de répondre que sans doute c'est une chose fâcheuse, regrettable, même blâmable, mais qu'enfin la faute est au gouvernement, et que la nation s'en lave les mains. Le monde nous crie qu'il est trop commode de se décharger ainsi de la mort d'un peuple; que chaque nation est responsable envers toutes les autres des œuvres de son gouvernement; que s'il est justement soupçonné, il faut l'accuser, coupable, le condamner, sinon partager avec lui la coulpe. J'affirme, de plus, que dans une si flagrante iniquité tout le monde est coupable, moi qui écris ces lignes, comme vous qui les lisez. Oui, notre indifférence, notre lassitude, notre complaisance, notre tiédeur, ont fait la moitié du mal. Si la conscience publique eût été debout, le meurtre n'eût pas été si aisément consommé; ou la crainte des suites eût empêché d'y mettre la main, ou le châtiment l'eût racheté.

Quelle que soit au reste l'opinion que l'on professe, il est impossible de ne pas voir ici un signe avant-coureur. Jamais société n'a été bouleversée que les chefs de l'ordre social n'aient eux-mêmes commencé par se livrer eux-mêmes. Toutes les fois que pareille chose est arrivée, il est sans exemple que la terre n'ait fini par trembler; et c'est sans doute la volonté de la Providence que le monde ne se repose pas, puisqu'en pleine paix, sans y être provoqués, les pouvoirs établis viennent de toutes parts déchirer les traités, les conventions, les actes, les titres, les origines, les serments sur lesquels se fonde la meilleure partie de leur autorité.

Au seizième siècle, l'Italie officielle nia le droit; elle ne tarda pas à s'abîmer.

Aujourd'hui, l'Europe officielle déclare de même la guerre à la conscience humaine, avec cette différence que les gouvernements italiens s'enveloppaient de ténèbres, et que de nos jours c'est peu de mal faire, si on ne l'affiche à tous les bouts du monde. Je comprends la doctrine de la force toute nue, quand elle se couvre du silence de Venise, de Saint-Pétersbourg, de Vienne; mais cette doctrine étalée à la lumière des gouvernements constitutionnels, ces documents pleins de piéges, livrés aux regards, à l'examen du monde, sur les tribunes de trois puissances; cette immense publicité dans l'immense dépravation, ce défi tout ensemble à la terre et au ciel, n'est-ce pas là trop oser? Ou la conscience humaine périra, ou cette négation éclatante du droit finira par ouvrir un abîme inconnu.

Pour moi, qu'ai-je voulu par ce qui précède? Constater cette époque nouvelle et mémorable où le droit n'existe plus pour personne. Tel a été mon but ; je l'ai atteint et je m'arrête.

Car de parler à l'esprit de ceux qui disposent aujourd'hui du pouvoir et des affaires, je ne suis ni assez simple, ni assez vain pour l'espérer. Je sais qu'il est des temps où les oreilles et les cœurs se ferment, où toute vérité est une rêverie bonne au plus pour les enfants, où toute parole est inutile à ceux qui oppriment comme à ceux qui sont opprimés. L'iniquité s'amoncelle en silence, sans rien craindre. Ce sont les temps où la Providence se réserve d'agir seule, sourdement, au fond des choses, quand les âmes s'en sont retirées. Les hommes ne vous écoutent plus ; ils ont trop à faire. Mais la justice continue de travailler en secret et de préparer ses représailles ; car tout l'or du monde n'a pas encore acheté, en sa source, cette conscience souveraine, qui renaît éternellement de la mort de toutes les consciences. Son œuvre ne se lasse pas dans la lassitude des hommes; aucun fait n'est jamais accompli pour elle, et l'iniquité consommée n'est que le commencement de sa justice. Pauvres gens! que leur serviront, à la fin, tant d'efforts pour tout corrompre? ils n'ont pas encore acheté la Providence.

FIN.

Paris. — Imprimerie de Fain et Thunot, rue Racine, 28.

CHEZ LE MÊME ÉDITEUR.

RÉVOLUTION

DE

JUILLET 1830.

SON CARACTÈRE LÉGAL ET POLITIQUE,

HÉRÉDITÉ DE LA PAIRIE,

MAJORATS, AINESSE ET SUBSTITUTIONS.

Par M. DUPIN,

Ancien bâtonnier de l'ordre des avocats,
Procureur général à la Cour de cassation.

Un vol. in-18. Prix : 3 fr. 50 c.

www.ingramcontent.com/pod-product-compliance
Lightning Source LLC
LaVergne TN
LVHW021004090426
835512LV00009B/2076